(Conserver la couv[erture])

ALLOCUTION

PRONONCÉE AU MARIAGE

de

M. Albert MARGUERY

et de

Mlle Juliette VÉDIE

PAR

M. L'ABBÉ DELALONDE

Chanoine honoraire,
Doyen de la Faculté de Théologie de Rouen
Officier de l'Instruction publique

Le 29 Juillet 1884

DANS L'ÉGLISE NOTRE-DAME DE CAUDEBEC

(DIOCÈSE DE ROUEN)

ROUEN

IMP. E. MARGUERY ET Cie, RUE MOITEUSE, 4

1884

ALLOCUTION

Prononcée au Mariage de M. Albert MARGUERY

ET DE

Mlle Juliette VÉDIE

PAR

M. l'Abbé DELALONDE

Chanoine honoraire, Doyen de la Faculté de Théologie de Rouen
Officier de l'Instruction publique

Le 29 Juillet 1884

DANS L'ÉGLISE NOTRE-DAME DE CAUDEBEC

(Diocèse de Rouen)

Epoux Chrétiens,

Vous avez désiré que je vinsse bénir votre union ; je ne pouvais résister à vos instances, et celui dont je ne suis ici que le délégué, n'a su rien refuser, ni à vous comme pasteur, ni à moi comme ami. Vous attendez, vos pieuses familles attendent également quelques paroles qui soient comme le prélude et la préparation au grand acte que vous allez accomplir, et en satisfaisant votre attente, j'obéis à un besoin de mon cœur, comme au vœu de notre Mère la Sainte Eglise.

C'est à vous, ma chère enfant, que je m'adresse tout d'abord; non que celui qui va devenir votre époux occupe une moindre place dans mon âme qui s'ouvre également pour vous deux, mais parce que j'ai à payer, dans votre personne, le tribut d'une amitié sinon plus dévouée, du moins plus ancienne. Vous savez combien votre famille m'est chère; elle évoque pour moi plus d'un demi-siècle de souvenirs, et, réunissant dans ma pensée tous ceux qui vivent et ceux qui ne sont plus, je vois se dresser devant moi cinq générations connues et aimées, soit dans le passé, soit dans le présent. Ce passé, lui-même, il est encore un présent plein de charme, quand nous le voyons personnifié dans cette aïeule vénérable qui n'a de la vieillesse que ce qui augmente les respects et qui garde de la jeunesse la fraîcheur de l'esprit et des affections. Si je me reporte vers mes souvenirs d'enfance, je ne trouve plus, il est vrai, mon condisciple, ce père qui devrait être là pour vous conduire à l'autel, et dont le long martyre n'a été adouci que par la foi chrétienne et par des soins aussi tendres qu'assidus; mais je vois ces souvenirs s'aviver en moi par la présence d'une épouse, d'une mère, à qui j'épargnerai tout éloge indiscret, et qu'il appartient à ses enfants de louer en l'imitant. Voilà, ma chère enfant, pourquoi j'avais besoin de m'épancher d'abord vers vous, et vous-même, n'y aviez-vous pas quelque droit ? Si, depuis plusieurs années, je crois avoir répondu à votre confiance par un intérêt sincère et dévoué, c'est surtout en ce moment solennel qui va couronner plusieurs mois de réflexions sérieuses, de prières ferventes, que je vous devais une dernière parole, avant celle que vous-même allez prononcer. Lorsque nous voyons, au pied des autels, une fiancée dans la parure virginale qu'elle va bientôt déposer pour toujours, nous nous demandons, trop souvent hélas ! si ce n'est pas une victime couronnée pour le sacrifice, et de tristes pressentiments envahissent nos âmes. Aujourd'hui, mon enfant, et malgré les vicissitudes que recèle toujours le mystère de l'avenir, nous n'avons point sur votre sort ces craintes et ces tristesses. Celui à qui vous allez vous donner, vous offre, vous le savez, des gages rassurants pour une mère, encourageants pour une épouse. Il a demandé à son intelligence et à son travail la place qu'il s'est faite dans la vie, il a gardé le culte des saines affections de la famille, il a conservé les croyances et les pratiques religieuses dans lesquelles il a été élevé ; pouviez-vous, mon enfant, concevoir des espérances plus douces et plus solides, et ne trouvez-vous pas là, pour votre cœur et pour votre foi, des garanties sérieuses de bonheur conjugal? Vous l'avez pensé comme nous, vous avez même eu déjà l'avant-goût des pures jouissances que renferme le mariage chrétien : vous pouvez donc ouvrir votre âme à une tendre confiance dans votre époux, entrer calme et souriante dans cette famille nouvelle qui vous tend les bras et qui sera si heureuse de vous donner le doux nom de fille. Que ce soit là, ma chère enfant, un motif de reconnaissance envers le Dieu, auteur de *tout don parfait*, et j'ajoute, un stimulant à bien remplir tous les devoirs qui vont vous incomber désormais.

Tout à l'heure, mon enfant, j'écartais l'image du sacrifice douloureux auquel sont vouées bien des épouses ; mais je trahirais la vérité, si je vous dissimulais la face souvent austère du devoir, et je ferais injure à votre âme chrétienne, si je doutais de votre courage à le remplir. Vous savez déjà, par votre jeune expérience, par plus d'un noble exemple qu'il ne vous a pas fallu chercher bien loin, vous savez que le bonheur n'est point dans les satisfactions de la vanité, dans les entraînements d'un monde frivole et sensuel. Le bonheur, il faut le mettre dans la paix de la bonne conscience, dans le contentement que donne le devoir bien rempli, dans les calmes et pures jouissances du foyer domestique, de ce foyer qui était sacré pour les vieux Romains du paganisme, de ce foyer que nos ancêtres chrétiens avaient rendu tout à la fois et plus saint et plus aimable, par les fortes et pudiques vertus dont ils l'avaient embaumé. Vous n'oublierez donc point, mon enfant, que la *femme forte*, célébrée dans la Sainte Ecriture, aimée et admirée de son époux et de ses enfants, c'est la femme à la vie simple et modeste, mais digne; c'est la femme vigilante, active et laborieuse; c'est la femme faisant régner dans son petit empire, l'ordre paisible, la grâce sereine, l'aimable douceur. Enfin, vous vous rappellerez que la source de toutes ces vertus nous est également indiquée par l'Esprit-Saint : « La

« beauté, nous dit-il, n'a qu'un charme sou-
« vent trompeur et toujours passager, mais
« la femme qui craint le Seigneur méritera
« seule une louange durable. » Donc, mon
enfant, vous resterez solidement chrétienne ;
pour satisfaire à des devoirs plus variés et
plus nombreux, l'épouse devra jouir moins
fréquemment des consolations accordées à la
vierge, mais vous aurez soin d'entretenir l'esprit intérieur qu'elles avaient pour but d'alimenter, et c'est ainsi que, loin de quitter
Dieu, vous saurez au contraire quitter Dieu
pour Dieu.

C'est à vous, mon jeune ami, que je m'adresse maintenant. Vous n'avez pu entendre,
sans une secrète émotion, ces souvenirs évoqués, ces conseils donnés à celle qui sera désormais la compagne inséparable de votre vie ;
vous avez compris qu'il y avait là pour vous
des convenances heureuses et des espérances
légitimes. Cette famille qui vous accueille avec
tant de bienveillance, cette mère qui vous
remet ce qui lui restait de plus cher, vous
rappellent les traditions d'honneur intact, de
foi chrétienne, de vertus paisibles, d'affections
intimes au milieu desquelles vous avez eu le

bonheur de vivre comme dans une calme et salubre atmosphère. Cette enfant, qui vous apporte, avec une grâce naïve et touchante, un cœur dont rien n'a défloré le frais épanouissement, n'est-ce pas un don du ciel, et, d'après le témoignage de l'Esprit-Saint lui-même, un *don au-dessus de tout don.* Remerciez donc le Dieu qui vous l'a préparée ; recevez-la comme un précieux dépôt, qui va sans doute être désormais à vous sans partage, mais que nous vous demandons, avec une pleine confiance, d'entourer d'un amour délicat, d'une protection dévouée, d'une tendre condescendance ; qu'elle trouve en vous les vertus qui la rendront heureuse, comme elle apprécie déjà les qualités qui la rendront fière de vous.

C'est pour vous assurer davantage le bonheur passager d'ici-bas, que la Religion vous offre les secours qui rendent la vie heureuse pour l'éternité ; c'est pour sanctifier et ennoblir votre union conjugale que le Christ a institué le Sacrement qui réunit à la fois l'exemplaire sublime et la grâce fécondante réservés aux seuls enfants de Dieu et de l'Église. Voilà, Epoux chrétiens, ce qui contribue à faire de vous, selon le mot de l'Apôtre, « *une race de choix, et un sacerdoce royal.* » Gardez donc cette couronne de grâce et d'honneur, afin qu'elle devienne pour vous une couronne de bonheur et de gloire. Nous allons appeler sur vous les plus abondantes bénédictions du Ciel; vos cœurs, préparés déjà par les sacrements que vous avez reçus, enrichis encore par celui que vous allez recevoir, ou plutôt vous conférer mutuellement, n'en seront que plus aptes à s'unir à l'Auguste Victime que nous allons immoler pour vous sur l'autel. Et vous, famille aimante et attendrie, amis dévoués, assistance honorable et chrétienne, unissez vos prières aux nôtres et à celles de ces chers époux, afin que, marchant dans la terre de l'exil, ils puissent recueillir les biens du temps, de manière à s'assurer encore mieux dans la patrie les biens de l'éternité.

Ainsi soit-il.

Rouen. — Imp. E. Marguery et Ce, rue Moiteuse, 4.

www.ingramcontent.com/pod-product-compliance
Lightning Source LLC
Chambersburg PA
CBHW061618040426
42450CB00010B/2557